HAUCK & BAUER

Ist das noch Entspannung oder schon Langeweile?

VERLAG ANTJE KUNSTMANN

VORWORT

Welch eine Aufgabe. Für Haucks und Bauers neuestes Buch soll ich ein Vorwort verfassen. Ich könnte also über ihren feinen Strich, ihre subversive Zärtlichkeit, ihren sublimen Witz sprechen. Aber mir scheint, dafür ist hier weder der richtige Ort noch der passende Moment.

Seit fünfzehn Jahren liefern die beiden nun Woche um Woche einen Comic Strip für die *Frankfurter Allgemeine Sonntagszeitung*. Und Gott sei Dank ist es nicht immer derselbe Comic Strip, sondern jedes Mal ein neuer. Alleine schon dafür gebührt ihnen nicht nur mein Respekt, sondern auch der unserer Leser.

Wo wir gerade von den Lesern reden. Wissen Sie, wir haben unser Ressort vor einigen Jahren umbenannt. Früher hieß es *Gesellschaft*; daher ja auch der Titel des Strips, *Am Rande der Gesellschaft*. Inzwischen heißt unser Buch *Leben*. Wir haben ein paar Zuschriften von Lesern bekommen zu der Umbenennung. Die meisten beschäftigen sich nicht mit der Freude darüber, dass ihre Zeitung künftig MEHR Platz für Mode und Essen und ganz NEUEN Platz für Wohlbefinden und Gesundheit bietet; nein, sie beschäftigten sich mit der Frage, ob denn *Am Rande der Gesellschaft* nicht streng genommen jetzt *Am Rande des Lebens* heißen müsse. Ein Schlaumeier schlug sogar vor, weil *Am Rande des Lebens* doch recht traurig klinge, könnten wir den Strip ja *In der Mitte des Lebens* nennen und zukünftig mittig auf Seite 1 drucken.

Wir haben davon Abstand genommen. Nicht weil wir etwas Besseres für die Mitte der Seite 1 hätten. Nein, weil *Am Rande der Gesellschaft* inzwischen einfach eine Marke ist, und an Marken, an Dinge, die ganz selbstverständlich zum Bestand gehören, an Dinge, die man nicht weiter erklären muss, an die soll man nicht rühren.

Und falls Sie persönlich jetzt nicht so auf Hauck und Bauer stehen, wenn Sie nicht restlos begeistert sind von den beiden – ich weiß nicht, warum Sie dann dieses Buch gekauft haben sollten, aber man weiß ja nie. Aber dennoch, für den unwahrscheinlichen Fall, dass Sie nicht wirklich auf Hauck und Bauer stehen, kann ICH Ihnen nur sagen: Ich kann NICHTS für Hauck und Bauer. Es hat eine gewisse Ironie, dass ausgerechnet ich dieses Vorwort schreibe, denn ohne mich – nun, ohne mich gäbe es Hauck und Bauer auch. Ich habe die beiden und ihre Strips nur von meinem Vorgänger im Amt des Ressortleiters, Alexander Marguier, geerbt, der sie angeworben hat, und ernte jetzt die Früchte seiner Arbeit.

Aber ich will ganz ehrlich sagen, zu Beginn hatte ich eine ganze Weile Schwierigkeiten, Hauck und Bauer auseinanderzuhalten. Vielleicht hängt es daran, dass die Namen der beiden mit so wenigen Silben auskommen; ich auf jeden Fall denke mir die beiden immer zusammen. Hauckundbauer. Hauckundbauer.

Und zugegeben, wenn die beiden früher zu Besuch in die Redaktion kamen, wusste ich nicht: Wer ist jetzt Hauck und wer Bauer? Wenn ich die beiden Kollegen vorgestellt habe, war ich vorsichtig und sagte: »Darf ich vorstellen? Das ist mein Kollege Jörg Thomann, und das ist…« – Pause, damit der Besucher sagen konnte: »Dominik Bauer.« »Elias Hauck.«

Es gab im Verlauf der Geschichte schon viele Duos. Von manchen hätte man sich gewünscht, dass sie sich früher getrennt hätten: Stefan Mross und Stefanie Hertel, Hitler und Stalin. Bei anderen war die Trennung ein Drama: Simon and Garfunkel.

Und dann gibt es natürlich noch die dritte Kategorie der Künstlerduos: die noch zusammen sind und denen man wünscht, dass sie das noch lange bleiben. So ist das bei Hauck und Bauer. Ich hoffe, die beiden sehen das genauso.

Simon and Garfunkel können da auch als warnendes Beispiel dienen: Der eine, Art Garfunkel, machte nach der gemeinsamen Zeit nur noch Kommerzzeugs, während der andere, Paul Simon, beweglich und kreativ blieb. Gut, Garfunkel sah dafür immer niedlicher aus und hatte lange Zeit noch mehr Haare. Aber bei Hauck und Bauer ließe sich nur schwer entscheiden, wer der Niedlichere ist; schon deshalb ist an Trennung nicht zu denken.

Was ich an der Kunst der beiden besonders schätze, ist, dass ihr Gegenstand nie die üblichen Verdächtigen sind. Ich bin gelegentlich bei unserer Zeitung an der Produktion von Humor beteiligt – oder an dem, was wir für Humor halten –, und ich weiß, über Angela Merkel und ihre Hosenanzüge lässt sich ohnehin nur eine begrenzte Anzahl von Witzen machen.

Bei Hauck und Bauer dagegen stehen die »hoi polloi« im Mittelpunkt, »the great unwashed«, wie die Amerikaner sagen, die Normalos, der Mann von der Straße. Was diese Figuren sagen, was sie machen, das ist genau das, was wir alle jeden Tag sagen, was wir alle machen: Dummheiten. Die Figuren von Hauck und Bauer stellen dumme rhetorische Fragen. Sie schneiden auf. Sie fühlen sich in ihren kleineren und mittelgroßen Ressentiments bestätigt. Sie nerven ihre Mitmenschen. Sie sind absurd. Wie wir eben.

Aber wie Hauck und Bauer diese Figuren zeichnen, die langen Nasen, die überschmalen Körper, das erlaubt dem Betrachter doch immer zu sagen: Ach, das bin ich nicht. Solchen Blödsinn mache ich nicht. Das sind nur die anderen.

Die Amerikaner sagen: »We are all god's little cartoons.« – Wir sind alle die kleinen Strichmännchen des lieben Gottes. Ich würde ergänzen: Und Hauck und Bauer sind zwei der ausführenden Zeichner.

Wenn ich mir die beiden und ihr umfangreiches Œuvre so ansehe – ich benutze das Wort »Genie« nicht oft. Ich dachte nur, ich erwähne das mal.

Das ist jetzt auch alles, was ich dazu sagen kann. Und auch wenn ich zwei meiner Gags von Steve Martin geklaut habe, aus einer Laudatio auf Paul Simon, die er vor ein paar Jahren gehalten hat und die Sie auf YouTube ohne weiteres finden – es geschah nur aus Angst, ich könnte hier nicht halb so lustig sein wie Hauck und Bauer an einem schwachen Tag. Denn selbst das ist sehr schwer.

Bertram Eisenhauer, Ressortleiter »Leben«,
Frankfurter Allgemeine Sonntagszeitung

"Ich habe meinen Traum zum Beruf gemacht, was ein großer Fehler war. Jetzt habe ich keinen Traum mehr."

GEWINNER DES KLIMAWANDELS

HERRENFINALE DER WELTMEISTER-SCHAFTEN IM SITZEN

Wenn das Oktoberfest in Köln stattfinden würde

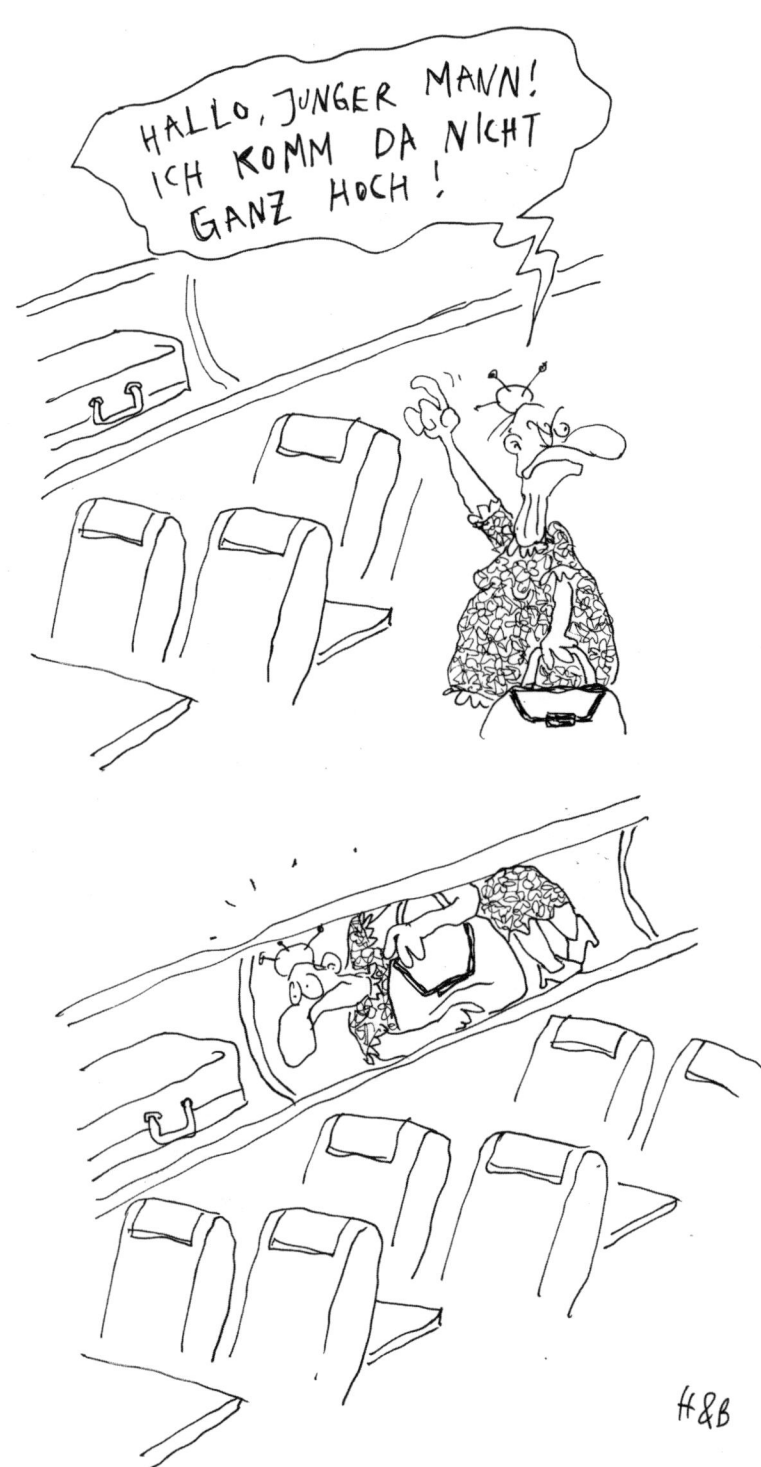

"Sie werden attraktive Möbel zu unglaublichen Preisen entdecken."

Wahrsagerin mit Werbevertrag

3. Sich dabei immer mehr in Widersprüche verwickeln

4. Wegen Unglaubwürdigkeit des Geständnisses wieder freikommen

MIT NAZIS DISKUTIEREN

„Manchmal hab ich den Eindruck, die eine Hälfte von euch kapiert gar nix und die andere hat kein Interesse."

„Was?" „Egal."

"Ist der Wein in der Region verwandelt worden?"

WENN JESUS HEUTE LEBEN WÜRDE

H&B

MARTIN WALSER LIEST SEINEN DECKEL

Gottes Haus und Philosophierstüberl

VIELE KÜNSTLER ARBEITEN BEWUSST MIT WIEDERHOLUNGEN

> Solange er lebte, stand ich im Schatten meines berühmten Vaters. Jetzt stehe ich im Schatten meines toten berühmten Vaters.

Die besten Ideen kommen immer unter der Dusche.

Katrin Göring-Eckardt lässt sich nicht beeindrucken. Sie kennt die vielen leeren Sitzreihen ja aus der Kirche.

Ein winziger Fehler – und die Menschenfrau wurde mißtrauisch!

Sie weiß, daß ich keine gestrickten Socken trage, daß ich mich aber über einen gestrickten Pullover freuen würde. Und trotzdem strickt sie mir Socken.

Ganz genau.

DEIN ESSEN STEHT IN DER MIKROWELLE. SCHMEISS ES AM BESTEN GLEICH WEG.

Wenn Turner von früher erzählen

"Da Ihre Positionen zum Thema Energiepolitik eigentlich alle schon bekannt sind, würde ich mit Ihnen heute gerne mal über Sex reden."

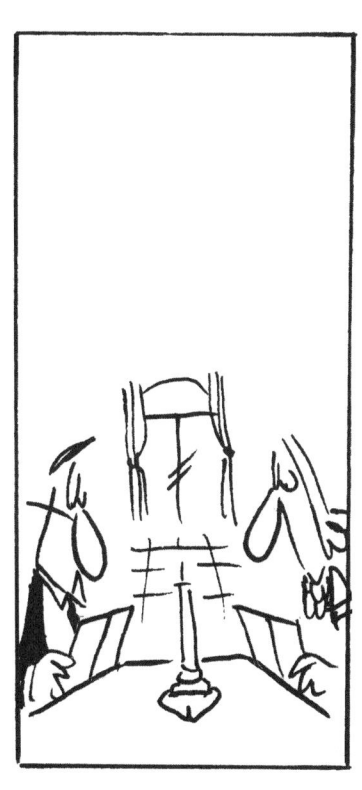

Navi mit Schwächen in Geographie

für mehr Synergien: HÖRZU und BILD DER FRAU wachsen zusammen!

HÖR DER FRAU ZU

DIE TV-DIÄT: SATT DURCH FERNSEHEN

H&B

"Schau mal, Schatz, wir kriegen einen Rabatt von 50%, wenn nur einer von uns Urlaub macht!"

DEUTSCHER SPARGELSTECHER

Wir haben ihm jetzt Goethes »Faust« als Videospiel gekauft. Vielleicht hilft's ja was.

WO KANN ICH DAS BLÖDE GRETCHEN ABKNALLEN?

H&B

„WARUM HAB ICH DAS BALG EIGENTLICH WIEDERAUFERSTEHEN LASSEN?"

Das neue Testament

Zielscheiben-Marabu
(ausgestorben)

Jetzt haben wir endlich mal Zeit, die ganzen Themen zu bereden, bei denen du immer "Nicht jetzt!" sagst.

Kurz vor dem Tod zieht das ganze Leben nochmal als Film an einem vorbei.

Verkaufsschlager der Zukunft

Weihnachten bei Atheisten

„Wir feiern Weihnachten wieder ganz klassisch. An Heiligabend gibt's den großen Streit und an den Feiertagen reden wir kein Wort."

— Sie sollten weniger Wein trinken.

— Von welchem?

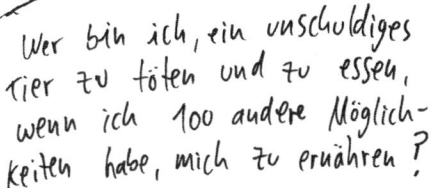

MEIN CHEF, DIE DUMME SAU!

Foto: Hans-Jörg Pochmann

ELIAS HAUCK und DOMINIK BAUER, beide Jg. 1978, wohnen in Berlin und Frankfurt am Main. Seit 15 Jahren veröffentlichen sie jede Woche einen Comic-Strip in der Frankfurter Allgemeinen Sonntagszeitung („Am Rande der Gesellschaft"). Seit 2008 sind sie außerdem ständige Mitarbeiter des Satiremagazins *Titanic*.
Ihre Arbeiten wurden bereits mehrfach ausgezeichnet, u.a. zweimal mit dem Deutschen Karikaturenpreis und einmal mit dem Deutschen Cartoonpreis in Silber.

Von Hauck & Bauer weiterhin bei Kunstmann erhältlich:
Hier entsteht für Sie eine neue Sackgasse
Bin ich Jesus? Die Kunst nicht zu antworten (zusammen mit Michael Tetzlaff)
Man tut, was man kann: Nix.
Ich kann einfach nicht Wein sagen

www.facebook.com/hauckundbauer
www.twitter.com/hauckundbauer

© Verlag Antje Kunstmann GmbH, München 2018
Titelbild: Michael Sowa
Druck und Bindung: Pustet, Regensburg
ISBN 978-3-95614-266-6